AF263486

INSTRUCTION DU 10 OCTOBRE 1901

POUR LES NOMINATIONS AUX

PLACES D'ENFANTS DE TROUPE

ET L'ADMISSION DANS

LES ÉCOLES MILITAIRES PRÉPARATOIRES

ET A L'ORPHELINAT HÉRIOT

(Direction de l'infanterie ; Bureau de l'Instruction.)

OBSERVATIONS PRÉLIMINAIRES.

Art. 1er. La présente instruction remplace, en les abrogeant, toutes les dispositions antérieures relatives à la nomination et à l'administration des enfants de troupe laissés dans leurs familles, ainsi que celles qui concernent l'admission des candidats dans les écoles militaires préparatoires et à l'orphelinat Hériot.

TITRE Ier.

ADMISSION AUX PLACES D'ENFANTS DE TROUPE.

CHAPITRE Ier.

CONDITIONS D'ADMISSIBILITÉ.

Art. 2. Ne peuvent être admis en qualité d'enfants de troupe ou dans les écoles militaires préparatoires que les fils des soldats, caporaux ou brigadiers, sous-officiers, officiers jusqu'au grade de capitaine inclusivement ou assimilés, et les fils d'officiers supérieurs ou assimilés décédés.

Les fils des militaires retirés du service ne sont aptes à concourir qu'autant que leur père est, ou a été en possession d'une pension de retraite intégrale ou proportionnelle, d'une pension de réforme pour infirmités ou blessures ou qu'il a contracté un rengagement de cinq ans au moins.

Les fils des militaires réformés par congé n° 1, jouissant d'une gratification permanente, sont également admis au bénéfice de ces dispositions (1).

Sont admis à concourir aux places d'enfants de troupe, sans conditions d'ancienneté de service, les fils des militaires de la réserve de l'armée active, de l'armée territoriale et de la réserve de cette armée, tués à l'ennemi ou morts des suites de leurs blessures.

Ces enfants doivent être âgés de 2 ans au moins et de 13 ans au plus au 1er août pour pouvoir être proposés pour enfants de troupe ; ils doivent être âgés de 13 ans au moins et de 14 ans au plus à la même date pour être admis dans les écoles militaires préparatoires.

CHAPITRE II.

TRANSMISSION DES DEMANDES.

Art. 3. Les demandes d'admission sont formées par les parents ou tuteurs des enfants. Elles sont adressées, chaque année, avant le 1er juillet :

1° Pour les fils de militaires appartenant à un corps de troupe, au président du conseil d'administration de ce corps ;

2° Pour les fils de militaires ne faisant pas partie d'un corps de troupe, hiérarchiquement au général commandant le corps d'armée par l'intermédiaire du chef du service auquel ils appartiennent ;

3° Pour les fils de militaires des troupes de terre ayant quitté le service, directement aux généraux commandant les corps d'armée sur le territoire desquels ils résident ou par l'intermédiaire de l'autorité militaire locale ou de la gendarmerie ;

4° Pour les fils de militaires des troupes de mer, directement aux corps de la marine intéressés.

Art. 4. Ces demandes doivent être accompagnées des pièces ci-après :

1° Une déclaration (modèle n° 1) par laquelle la famille ou le tuteur du candidat s'engage à reverser au Trésor la moitié des indemnités perçues par eux dans le cas où l'enfant ne contracterait pas, à 18 ans, un engagement volontaire de cinq ans ;

2° Un certificat délivré par le maire de la localité où est domi-

---

(1) Décret du 1er novembre 1888.

ciliée la famille, énonçant exactement les moyens d'existence, le nombre d'enfants et les autres charges des parents. Ce certificat doit, en même temps, donner des renseignements sur la moralité de la famille. Il est délivré par le conseil d'administration, lorsque le père de l'enfant fait partie d'un corps de troupe (modèle n° 2);

3° L'acte de naissance de l'enfant, revêtu des formalités prescrites par la loi (1);

4° Un état authentique des services du père et de l'enfant;

5° L'acte de mariage des parents (1);

6° Une déclaration d'un médecin militaire faisant connaître que l'enfant a eu la petite vérole ou qu'il a été vacciné (modèle n° 3).

Le médecin constatera, dans ce certificat, que l'enfant n'est atteint d'aucune infirmité pouvant l'empêcher plus tard de contracter un engagement volontaire.

Lorsque le candidat aura l'âge voulu pour entrer dans une école militaire préparatoire, la déclaration à produire par les parents devra être conforme au modèle n° 4.

Le certificat d'études primaires élémentaires, dont la production est obligatoire, ou une copie certifiée, sera également fournie (2).

CHAPITRE III.

INSTRUCTION DES DEMANDES.

Art. 5. Les gouverneurs de Paris et de Lyon et les généraux commandant les corps d'armée font instruire, par les conseils d'administration des corps de troupe placés sous leur commandement, les demandes qui leur sont adressées directement ou par la voie hiérarchique et celles qui leur sont transmises par le Ministre.

Ils désignent, de préférence, les conseils d'administration de l'arme dans laquelle le père du candidat a servi et, autant que possible, celui qui est le plus à proximité de la résidence de la famille.

Dans les corps d'armée où il n'existe pas de régiment du génie, les demandes formées par des anciens militaires de cette arme seront instruites par un régiment d'artillerie.

Quant aux demandes formées par des anciens militaires résidant

---

(1) Les pièces n° 3 et n° 5 pourront être établies sur papier libre au titre du service militaire.

(2) Les examens pour l'obtention de ce certificat étant passés dans les chefs-lieux de canton pendant les mois de juin et de juillet, les corps de troupe adresseront au Ministre (1re Direction, 2e Bureau) dans le courant du mois d'août les certificats (ou la copie certifiée) obtenus par les enfants qui doivent entrer dans les écoles militaires préparatoires.

en Algérie ou en Tunisie et dont l'arme d'origine n'y serait pas représentée, elles seront examinées par un des conseils d'administration des corps stationnés sur ces territoires (1).

Art. 6. Les conseils d'administration s'assurent que les formalités sont remplies et que les pièces sont au complet: ils réclament celles qui pourraient manquer et établissent un mémoire de proposition (modèle n° 5) qu'ils adressent hiérarchiquement le 1er juillet au général commandant le corps d'armée avec toutes les pièces énumérées à l'article 4 pour être remises à la commission régionale (2).

Les dossiers concernant les candidats dont le père ne remplirait pas les conditions prescrites par l'article 2 ci-dessus seront retournés dans le plus bref délai, avec un rapport du président du conseil d'administration, aux généraux commandant les corps d'armée, auxquels il appartiendra de renvoyer à la famille les pièces qu'elle aura produites et de lui faire connaître les motifs pour lesquels il n'est pas possible de faire classer sa demande.

Les demandes transmises tardivement seront ajournées à l'année suivante.

<h2 style="text-align:center">CHAPITRE IV.</h2>

CLASSEMENT DES DEMANDES PAR LA COMMISSION RÉGIONALE.

Art. 7. Les demandes d'admission sont examinées et classées, dans chaque corps d'armée, par une commission nommée par le général commandant le corps d'armée et composée de : un colonel ou lieutenant-colonel d'infanterie, président, et quatre membres du grade de commandant ou assimilés, choisis dans toutes les armes et désignés, autant que possible, parmi les officiers supérieurs résidant au chef-lieu de la région.

Cette commission sera convoquée vers le 15 juillet par les soins des généraux commandant les corps d'armée.

Art. 8. Les titres des candidats sont appréciés et résumés par

---

(1) Les demandes formées par les anciens militaires de l'armée de terre domiciliés dans les colonies seront instruites par les conseils d'administration des compagnies ou détachements de la gendarmerie coloniale, auxquels elles seront adressées directement par les intéressés.

(2) Les dossiers des demandes instruites par les conseils d'administration des compagnies ou de détachements de la gendarmerie coloniale, qu'ils soient établis en faveur d'un militaire en activité de service dans la compagnie ou d'un ancien militaire, sont adressés au Ministre de la guerre par l'intermédiaire du Ministre des colonies, de manière à lui parvenir le 1er juillet au plus tard.

Les demandes formées par des surveillants militaires sont adressées directement au général gouverneur militaire de Paris; elles ne sont instruites que si le pétitionnaire se trouve dans les conditions de l'article 2 de la présente instruction.

chacun des membres de la commission au moyen d'une cote numérique représentée par un nombre entier pris dans l'échelle de 0 à 20.

Le total des cotes attribuées à chaque proposition déterminera l'ordre de mérite sur la liste de classement. Lorsque plusieurs enfants obtiendront le même nombre de points, la priorité sera déterminée par l'âge des candidats.

Art. 9. Les classements relatifs au recrutement des écoles militaires préparatoires et à la nomination des enfants de troupe n'ont lieu qu'une seule fois par an.

Le travail de la commission, établi conformément aux dispositions du modèle n° 6, est adressé chaque année au Ministre (Direction de l'Infanterie, 2° Bureau) par les soins de M. le général commandant le corps d'armée, avant le 1er *septembre*, terme de rigueur.

Les dossiers des candidats ne sont jamais joints à cet envoi.

CHAPITRE V.

NOMINATIONS.

Art. 10. Le Ministre prononce les admissions dans les écoles militaires préparatoires et aux places d'enfants de troupe d'après l'ordre du classement des commissions régionales.

Toutefois, les nominations aux places d'enfants de troupe ne peuvent avoir lieu qu'autant qu'il existe des vacances dans la série à laquelle les candidats appartiennent par leur âge.

Le Ministre désigne les corps de troupe dans lesquels les candidats seront immatriculés.

Art. 11. Les généraux commandant les corps d'armée notifient les décisions du Ministre aux conseils d'administration intéressés (1).

Les dossiers des enfants dont l'admission comme enfants de troupe ou dans une école militaire a été prononcée sont adressés au conseil d'administration du corps désigné par le Ministre pour procéder à l'immatriculation de ces enfants.

Les conseils d'administration donnent avis de cette mesure aux familles et les informent qu'à partir de la date fixée par le Ministre elles auront droit, selon l'âge de l'enfant, s'il s'agit d'une nomination d'enfant de troupe, à l'allocation annuelle fixée par la loi du 19 juillet 1884.

Les dossiers des enfants non admis sont rendus aux familles par les soins des conseils d'administration qui ont instruit les demandes. Ceux-ci leur font connaître qu'il n'a pu

---

(1) Les commandants des compagnies ou détachements de la gendarmerie coloniale sont informés, par l'intermédiaire du Ministre des colonies, de la décision du Ministre de la guerre.

être donné suite à leur demande, mais qu'elles pourront la renouveler ultérieurement si l'enfant remplit encore les conditions d'admission.

Art. 12. Ces diverses communications et transmissions de pièces sont faites par l'intermédiaire des maires.

TITRE II.

ADMINISTRATION DES ENFANTS DE TROUPE LAISSÉS DANS LEUR FAMILLE.

CHAPITRE VI.

PAIEMENT DE L'INDEMNITÉ.

Art. 13. Les enfants de troupe sont laissés dans leur famille jusqu'au moment de leur mise en route sur les écoles militaires préparatoires qui, en principe, a lieu, chaque année, dans le courant du mois d'octobre. Ils ne touchent aucune ration de vivres, mais les familles reçoivent les allocations annuelles suivantes :

Cent francs pour les enfants de 2 à 5 ans ;
Cent cinquante francs pour les enfants de 5 à 8 ans ;
Cent quatre-vingts francs pour les enfants au-dessus de 8 ans.

Art. 14. Ces allocations sont payées sur les fonds de la solde par les soins du conseil d'administration des corps de troupe, pour tous les enfants inscrits sur les contrôles des corps.

Le paiement en est effectué aux parents ou tuteurs par trimestre et à terme échu, directement chez les trésoriers des corps ou au moyen de mandats délivrés par les trésoriers-payeurs généraux ou les receveurs particuliers et transmis aux ayants droit par l'intermédiaire des maires.

Les familles ont le choix entre ces deux modes de paiement ; toutefois, le premier mode est toujours applicable dans le cas où l'enfant est fils d'un militaire appartenant à un corps de troupe et lorsque la famille réside dans la localité où se trouve stationné le corps de troupe dans lequel l'enfant est inscrit.

L'indemnité à payer à la fin de chaque trimestre aux enfants de troupe doit être décomptée à raison d'un quart de l'indemnité annuelle, pour les enfants qui figurent sur les contrôles d'un corps pendant tout le trimestre, et sur le pied de 1/360 par jour, pour ceux qui ont été portés sur les contrôles ou en ont été rayés pendant le cours du trimestre, ou qui ont acquis, pendant cette période, des droits à une allocation plus élevée.

Art. 15. Le paiement de l'indemnité de 180 francs allouée aux enfants de troupe laissés chez leurs parents et qui atteignent l'âge de 13 ans, doit être continué sans interruption jusqu'au jour fixé pour la mise en route de ces enfants sur les écoles militaires préparatoires.

CHAPITRE VII.

VOYAGE EN CHEMIN DE FER.

Art. 16. Afin de permettre aux enfants de troupe laissés dans leur famille et voyageant en chemin de fer de profiter des réductions de prix accordées aux militaires, il peut être délivré, sur la demande des parents ou tuteurs, une feuille de route sans indemnité.

Les demandes devront être adressées au commandant d'armes le plus voisin ; la mention « accordé » portée sur ces demandes et signée par ce commandant d'armes remplacera l'invitation de feuille de route.

CHAPITRE VIII.

HOSPITALISATION DES ENFANTS DE TROUPE.

Art. 17. Les enfants de troupe laissés dans leur famille sont admis dans les hôpitaux à la charge du Département de la guerre, conformément aux dispositions de l'article 196 du règlement du 25 novembre 1889 sur le service de santé. (Vol. 80, E. R., p. 65.)

CHAPITRE IX.

MUTATIONS, RADIATIONS, SITUATIONS.

Art. 18. En cas de changement de domicile, la famille ou le tuteur informe les maires de l'ancienne et de la nouvelle demeure, lesquels en donnent, sans retard, avis aux conseils d'administration intéressés.

Cette disposition s'applique également aux familles des enfants qui sont astreints à un remboursement si l'enfant ne contracte pas à 18 ans un engagement de cinq ans. Elles sont, en outre, tenues de fournir, le moment venu, la justification de cet engagement, ou, à défaut, un certificat constatant que ledit engagement a été refusé pour inaptitude physique.

Les décès des enfants ou de leurs parents, les changements qui peuvent survenir dans la tutelle de ces enfants sont également portés à la connaissance des conseils d'administration par les maires.

Art. 19. Sont rayés des contrôles et cessent d'avoir droit aux allocations :

1° Les enfants qui ont obtenu une bourse entière dans un établissement quelconque d'instruction.

Ceux qui ont obtenu une bourse d'externat, une demi-bourse d'internat ou d'autres exemptions partielles de frais d'étude dans un établissement quelconque d'instruction, sont maintenus sur les contrôles jusqu'à l'âge de 13 ans révolus et conservent leurs droits aux allocations. A ce moment, ils peuvent, sur la demande des familles, être rayés des contrôles et cessent dès lors de recevoir l'indemnité spéciale ;

2° Les enfants signalés par leur mauvaise conduite et ceux qui seraient condamnés à une peine en matière criminelle ou correctionnelle ;

3° Les enfants auxquels surviendraient, après leur admission, des infirmités les rendant impropres au service militaire.

Les radiations, lorsqu'il y a lieu, sont prononcées par les généraux commandant les corps d'armée, lesquels sont, suivant le cas, renseignés par les conseils d'administration ou les maires.

Art. 20. Les 1ᵉʳ janvier, 1ᵉʳ avril et 1ᵉʳ octobre, un bulletin de mutation (modèle n° 7) est établi par chaque corps de troupe et adressé au général commandant le corps d'armée. Les corps dans lesquels il n'y a pas eu de mutation parmi les enfants de troupe produisent un état « néant ».

Art. 21. Tous ces bulletins, réunis dans un bordereau unique par les soins des généraux commandant les corps d'armée, sont adressés au Ministre dans la quinzaine qui suit le trimestre auquel ils se rapportent.

Art. 22. Au 1ᵉʳ juillet de chaque année, les conseils d'administration des corps de troupe de toutes armes, y compris les compagnies de gendarmerie, adressent aux généraux commandant les corps d'armée un état (modèle n° 8) donnant : 1° la situation nominative de tous les enfants de troupe inscrits à cette date sur les registres matricules du corps, y compris les enfants maintenus, pour ordre, jusqu'à 18 ans en vue du remboursement ultérieur exigé des parents ; 2° les mutations affectant l'effectif, survenues depuis le 1ᵉʳ juillet de l'année précédente.

Ces situations, accompagnées d'un état numérique récapitulatif pour tout le corps d'armée, sont transmises au Ministre le 15 juillet au plus tard.

TITRE III.

ADMISSION DANS LES ÉCOLES MILITAIRES PRÉPARATOIRES.

CHAPITRE X.

ENFANTS DE TROUPE ATTEIGNANT L'AGE FIXÉ POUR ENTRER
DANS LES ÉCOLES.

Art. 23. Chaque année, au mois d'avril, les conseils d'administration, après avoir recherché sur les contrôles des corps les enfants de troupe de la série appelée à entrer au mois d'octobre dans les écoles militaires préparatoires, mettront les parents ou tuteurs de ces enfants en demeure de produire la déclaration prescrite par l'article 5 de la loi du 19 juillet 1884 (modèle n° 4).

A cette déclaration, qui devra être adressée aux corps avant le 15 mai, les familles devront joindre un certificat d'aptitude physique (modèle n° 3), établi par un médecin militaire, ainsi que le certificat d'études primaires élémentaires obtenu par l'enfant (ou une copie certifiée) dont la production est obligatoire.

Art. 24. En cas de refus par les familles de produire ces pièces, ou faute de les avoir produites à la date du 15 mai, les enfants de troupe seront rayés des contrôles.

Toutefois, comme quelques-uns de ces enfants sont orphelins ou dans une situation de tutelle mal définie, les généraux commandant les corps d'armée ne prononceront aucune radiation sans avoir préalablement fait constater, par une enquête locale, les motifs réels du refus ou de la non-production des pièces, et ils devront toujours prendre les ordres du Ministre lorsqu'ils croiront qu'il n'y a pas lieu de prononcer la radiation.

Ils auront à faire parvenir au Ministre, avant le 1er juillet, l'état des enfants de troupe qui auront été rayés, en indiquant, pour chacun d'eux, les motifs de cette mesure.

CHAPITRE XI.

ADMISSION DES FILS DE MILITAIRES NON ENFANTS DE TROUPE.

Art. 25. Les fils de militaires, non enfants de troupe, remplissant les conditions énumérées à l'article 2 du présent règlement, peuvent être admis dans les écoles militaires préparatoires.

Art. 26. L'établissement, la transmission, l'instruction et le classement des demandes qui les concernent ont lieu conformément aux prescriptions contenues dans les articles 3, 4, 5, 6, 7, 8 et 9.

Art. 27. La désignation de ces enfants pour les places disponibles dans ces écoles est faite selon les règles fixées par les articles 10, 11 et 12.

Art. 28. Leur immatriculation et leur mise en route sur ces établissements s'effectuent d'après les dispositions des articles 30, 31 et 32 ci-après.

CHAPITRE XII.

RÉPARTITION DES ENFANTS DE TROUPE ENTRE LES DIVERSES ÉCOLES.

Art. 29. En principe, les enfants de troupe de l'infanterie et des sections administratives seront dirigés sur l'une des quatre écoles suivantes:

Ecole de Rambouillet.

Enfants de troupe appartenant aux 8⁰, 13⁰, 14ᵉ, 18ᵉ corps et gouvernement de Paris.

Ecole de Montreuil-sur-Mer.

Enfants des 1ᵉʳ, 2ᵉ, 5ᵉ, 6ᵉ, 7ᵉ et 20ᵉ corps.

Ecole de Saint-Hippolyte du-Fort.

Enfants des 15ᵉ, 16ᵉ, 17ᵉ, 19ᵉ corps et Tunisie.

Ecole des Andelys.

Enfants des 3ᵉ, 4ᵉ, 9ᵉ, 10ᵉ, 11ᵉ et 12ᵉ corps.

Tous les enfants de troupe de la cavalerie seront dirigés sur l'école d'Autun, et ceux de l'artillerie, du génie et du train sur l'école de Billom.

Quant aux enfants de troupe de la gendarmerie, ils seront répartis, autant que possible, dans les écoles de l'arme d'origine de leur père.

Lorsque le nombre des places disponibles dans les écoles rendra cette mesure nécessaire, le Ministre pourra modifier l'affectation d'un enfant de troupe.

CHAPITRE XIII.

MISE EN ROUTE.

Art. 30. Le Ministre fait connaître en temps utile aux généraux commandant les corps d'armée l'École à laquelle doivent être affectés les enfants de troupe ayant atteint l'âge fixé pour entrer dans les écoles militaires préparatoires, ainsi que la date du jour où ils devront se présenter aux commandants de ces établissements.

Il en est de même pour les candidats, non enfants de troupe, désignés par le Ministre pour entrer dans les écoles militaires préparatoires. Ceux-ci seront, en outre, immatriculés dans un corps à la date fixée pour leur mise en route.

Art. 31. Les enfants admis dans les écoles militaires préparatoires ont droit, à dater du jour de leur mise en route, à la solde et aux prestations allouées aux soldats de 2ᵉ classe de l'infanterie. Les conseils d'administration informent les familles des mesures qu'elles ont à prendre pour que ces enfants rejoignent les écoles auxquelles ils ont été affectés.

Art. 32. Leurs dossiers sont transmis aux commandants des écoles auxquelles ils sont affectés, mais ils continuent à figurer sur les contrôles des corps de troupe jusqu'au jour de leur engagement volontaire dans l'armée ou de leur radiation des écoles militaires, pour y participer au bénéfice des legs et fondations attribués à ce corps.

Restent inscrits, pour ordre, jusqu'à 18 ans — mais ne participent pas au bénéfice des legs ou fondations — les enfants que les parents refusent de laisser entrer dans les écoles ou qui sont renvoyés de ces établissements.

TITRE IV.

ADMISSION DES ENFANTS DE TROUPE A L'ORPHELINAT HÉRIOT.

CHAPITRE XIV.

CONDITIONS D'ADMISSION.

Art. 33. Les candidats à l'orphelinat fondé par M. le commandant Hériot sont choisis parmi les enfants de troupe orphelins de l'armée de terre.

Art. 34. Ils doivent être fils de soldats, caporaux ou brigadiers ou sous-officiers et être âgés de 5 ans au moins et de 13 ans au plus.

CHAPITRE XV.

INSTRUCTION DES DEMANDES.

Art. 35. Les parents ou tuteurs déclarent, dans la demande qu'ils adressent au conseil d'administration du corps auquel appartient l'enfant de troupe dont ils sollicitent l'admission à l'orphelinat Hériot, qu'ils ont connaissance des dispositions suivantes :

1° Le secours annuel qu'ils reçoivent cessera de leur être payé à partir de la mise en route de l'enfant sur cet établissement;

2° A l'âge de 13 ans, l'enfant sera admis dans une école militaire préparatoire.

A cette demande sera joint un certificat d'aptitude physique (modèle n° 3).

Art. 36. Lorsqu'ils reçoivent une demande de cette nature, les conseils d'administration établissent, après enquête, un rapport individuel sur la situation dans sa famille de l'enfant qui en fait l'objet.

Art. 37. Au 1ᵉʳ juillet de chaque année, ils transmettent hiérarchiquement aux généraux commandant les corps d'armée un mémoire de proposition (modèle n° 5) pour chaque enfant de troupe dont l'admission à l'orphelinat Hériot est demandée.

Ce mémoire est accompagné de la demande des parents prescrite par l'article 35, du rapport du conseil d'administration et du dossier qui a servi à l'admission du candidat en qualité d'enfant de troupe.

Art. 38. Les propositions d'admission à l'orphelinat sont soumises à la commission régionale en même temps que les demandes concernant l'admission des candidats aux places d'enfants de troupe.

Elles sont examinées par la commission et résumées sur un tableau spécial (modèle n° 9) qui est transmis au Ministre *avec les dossiers* concernant les candidats.

Art. 39. Le Ministre prononce les admissions à l'orphelinat Hériot et en informe les commandants des corps d'armée, en leur renvoyant les dossiers des candidats dont la proposition n'a pu être accueillie.

Les dossiers des candidats admis sont adressés au commandant de l'orphelinat.

CHAPITRE XVI.

ADMISSION A L'ORPHÉLINAT.

Art. 40. Les enfants de troupe désignés pour être admis à l'orphelinat entrent dans cet établissement dans le courant du mois d'octobre, au jour fixé par le Ministre.

A partir du jour de leur mise en route, ils ont droit à la solde et aux prestations allouées aux soldats de 2ᵉ classe de l'infanterie comme les élèves des écoles militaires préparatoires auxquels ils sont assimilés.

Ils continuent également à figurer sur les contrôles des corps jusqu'au jour de leur engagement dans l'armée.

CHAPITRE XVII.

MISE EN ROUTE SUR L'ORPHELINAT.

Art. 41. Dès que les parents sont informés de l'admission des enfants, ils font connaître immédiatement à l'autorité militaire s'ils ont l'intention de les conduire eux-mêmes à l'orphelinat à La Boissière (1) (Seine-et-Oise) à la date prescrite. Dans ce cas, il leur sera délivré, pour l'enfant de troupe intéressé et à son nom, une feuille de route.

Art 42. Les enfants que leurs parents ne peuvent pas conduire eux-mêmes sont dirigés sur l'Ecole par les soins de l'autorité militaire, qui prescrit les mesures nécessaires et les porte à la connaissance des familles.

---

(1) Les enfants admis à l'orphelinat y seront conduits directement par Epernon (Eure-et-Loir), où un gradé de service à la gare sera chargé de fournir tous les renseignements nécessaires.

MODÈLES.

---

1. Demande d'admission en qualité d'enfant de troupe.
2. Certificat constatant la situation de la famille de l'enfant.
3. Certificat d'aptitude physique.
4. Demande d'admission dans une École militaire préparatoire.
5. Mémoire de proposition.
6. Tableau de classement des demandes.
7. Bulletin trimestriel des mutations.
8. Situation nominative des enfants de troupe.
9. Etat nominatif des enfants de troupe proposés pour l'orphelinat Hériot.

Instruction ministé-
rielle du 10 octobre
1901. (Art. 4.)

Modèle n° 1.

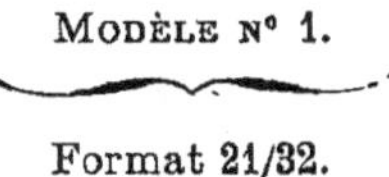

Format 21/32.

DEMANDE D'ADMISSION
EN QUALITÉ D'ENFANT DE TROUPE.

Le soussigné (1)
demande l'admission, en qualité d'enfant de troupe, du jeune (2)
son (3)

Il s'engage à :

1° Lui faire donner l'instruction nécessaire pour qu'il puisse obtenir le certificat d'études primaires élémentaires sans lequel on ne peut être admis dans les écoles préparatoires;

2° Consentir à son admission ultérieure dans une desdites écoles;

3° Adresser au conseil d'administration du corps où il est inscrit comme enfant de troupe la justification qu'il a contracté un engagement volontaire de cinq ans au moment où il a atteint 18 ans;

4° Verser au Trésor la moitié de la totalité des allocations reçues pour l'enfant si ce dernier, ayant atteint sa dix-huitième année, ne voulait pas s'engager ou si le consentement nécessaire lui était refusé.

A   . le   190 .

(4)

Demeurant à (5)   rue   canton
département

Vu pour la légalisation,

(1) Nom et prénoms du signataire.
(2) Nom et prénoms de l'enfant.
(3) Fils ou pupille.
(4) Signature du père ou tuteur.
(5) Domicile du signataire.

Instruction
ministérielle du
10 oct. 1901.
(Art. 4.)

Modèle N° 2.

Format 21/32.

Enfants de troupe.

CERTIFICAT concernant le sieur (1) , *domicilié à* , *rue* , *canton*
département , *dont l'admission du fils (2)* . *en qualité d'enfant de troupe est demandée (3)*

MOYENS D'EXISTENCE DE LA FAMILLE ET DU TUTEUR.	MORALITÉ	DÉSIGNATION DES ENFANTS.				OBSERVATIONS.
— Industrie ou emploi : produit annuel ; traitement militaire, civil, de la Légion d'honneur ; médaille militaire : pension ; revenu foncier : rentes sur l'État ; charges de la famille ; contributions foncière, personnelle, mobilière.	DE LA FAMILLE et de l'enfant.	Indiquer tous les enfants (y compris le candidat) quand même ils seraient placés hors de la famille. Indiquer ceux qui seraient boursiers ou demi-boursiers, ceux qui sont déjà enfants de troupe et, dans ce cas, le corps où ils sont immatriculés.				— Si le candidat est orphelin, indiquer la date du décès de ses parents.
		NOM et prénoms.	AGE.	SEXE.	POSITION ou situation.	

A , le 190 .

(4)

Le Maire,

(1) Nom et prénoms du père de l'enfant.
(2) Nom et prénoms du candidat.
(3) En cas de décès du père, ajouter : par le sieur son tuteur.
(4) Cette pièce doit avoir moins de trois mois de date au moment de la présentation de la demande concernant l'enfant.

1.

Instruction
ministérielle du
10 oct. 1901.
(Art. 4, 23 et 35.)

MODÈLE N° 3.

Format 21/32.

CERTIFICAT D'APTITUDE PHYSIQUE
DÉLIVRÉ PAR UN MÉDECIN AUXILIAIRE

Après avoir visité minutieusement le jeune (1)
né le   et, en tenant compte des dispositions de
l'instruction ministérielle du 5 mars 1899 (page 14 de l'instruction
du 10 octobre 1901), le soussigné (2)   (3),
déclare que cet enfant (4)   et qu'il n'est atteint
d'aucune maladie ou infirmité pouvant l'empêcher de contracter
plus tard un engagement.

A   , le   190 .

(5)

(1) Nom et prénoms de l'enfant.
(2) Nom du médecin.
(3) Grade et affectation du médecin.
(4) A eu la petite vérole *ou* a été vacciné.
(5) Signature du médecin.

NOTA. — Cette pièce devra avoir moins de trois mois de date au moment
de la présentation de la demande qu'elle accompagne.

<table>
<tr><td>

Instruction
ministérielle du
10 octobre 1901.
(Art. 4 et 23.)

</td><td>

Modèle n° 4.

Format 21/32.

</td></tr>
</table>

EXTRAIT

de la loi du 19 juillet 1884, modifiée par les lois des 15 avril 1892 et 19 juillet 1892.

ARTICLE 5.

A l'âge minimum fixé par la loi sur le recrutement de l'armée pour l'admission des engagés volontaires, les élèves des écoles préparatoires reconnus aptes au service militaire sont appelés à contracter un engagement de cinq ans.

L'élève engagé entre dans l'armée comme soldat.

Celui qui refuse de s'engager est immédiatement rendu à ses parents, et le Ministre est autorisé à exercer, soit sur leur traitement, soit sur les ressources personnelles de l'enfant, une répétition égale à la moitié des frais d'entretien payés par l'Etat.

Le prélèvement opéré dans ces conditions à exercer sur le traitement des parents (solde d'activité ou pension de retraite) ou sur les ressources de l'enfant ne pourra excéder par an le dixième du montant de ce traitement ou de ces ressources.

DEMANDE d'admission d'un enfant dans une école militaire préparatoire.

Le soussigné (1)
demande l'admission dans une école militaire préparatoire du jeune (2)
son (3)
Il déclare que :

1° Il consent à l'engagement ultérieur de l'enfant dans les conditions stipulées par l'article 5 de la loi du 19 juillet 1884 reproduit ci-contre ;

2° Il a pris connaissance de la clause dudit article qui autorise le Ministre de la guerre à faire exécuter contre lui, ou sur la fortune personnelle de l'enfant, le recouvrement de la moitié des frais payés par l'Etat (allocations d'enfant de troupe et frais d'entretien dans les écoles cumulés) dans le cas où l'enfant serait retiré ou expulsé de l'école, refuserait de s'engager pour cinq ans ou n'obtiendrait pas de ses parents le consentement nécessaire ;

3° Il s'engage, si le jeune quitte l'école militaire préparatoire avant dix-huit ans, pour toute autre cause que pour inaptitude physique, à adresser au conseil d'administration du corps auquel il est inscrit comme enfant de troupe la justification qu'il a contracté un engagement volontaire de cinq ans au moment où il a atteint dix-huit ans.

4° Il est prévenu que, quel que soit le moment du retrait ou du renvoi de l'enfant, le recouvrement des frais ne pourra s'exercer que lorsque l'enfant ayant atteint dix-huit ans refusera de s'engager pour cinq ans.

A , le 190 .
(4)

demeurant à (5)

(1) Nom et prénoms du signataire.
(2) Nom et prénoms de l'enfant.
(3) Fils ou pupille.
(4) Signature du père ou tuteur.
(5) Domicile du signataire.

Vu pour la légalisation :

ᵉCORPS D'ARMÉE.

—

La présente propo-
sition a été établie
sur la demande du
sieur (1)   , de
l'enfant, demeurant à
, rue   , canton
; département

ᵉ RÉGIMENT D

MODÈLE Nº 5,
sur feuille double
formant chemise.

Instruction
ministérielle du
10 octobre 1901.
(Art. 6.)

Format 21/32.

PIÈCES A L'APPUI:

DÉSIGNATION.	Obser-va-tions.
1º Déclaration du père ou tu-teur (2) modèle nº ;	
2º Certificat du maire ;	
3º Acte de naissance de l'en-fant ;	
4º Services authentiques du père ;	
5º Acte de mariage des parents;	
6º Certificat d'aptitude physi-que ;	
7º Certificat d'études primai-res élémentaires (4);	
8º Rapport du conseil d'admi-nistration (5).	

MÉMOIRE DE PROPOSITION

pour l'admission (3)

du jeune   , né le

190 , à   , canton   , dé-

partement   , fils de   et

de   , mariés le   18 ,

à   , canton   , départe-

ment.

SERVICES MILITAIRES DU PÈRE.		SITUATION DE LA FAMILLE. Age. — Position. — Moyens d'existence. — Date du dé-cès des parents, s'il y a lieu.	DÉSIGNATION DES ENFANTS. Age. — Sexe. — Profession ou position.
Durée des services cal-culée au 31 décem-bre courant (inter-ruptions déduites) :	ans. mois.	Le père : —	1ᵉʳ enfant :
Grade actuel ou au dé-part du service ac-tif :		La mère : —	2ᵉ enfant :
—		Ressources de la fa-mille : —	3ᵉ enfant :
Campagnes . —		Charges de la famille : —	
Blessures :		Moralité de la fa-mille : —	Etc.
Décorations : —			
Motifs de la cessation de service (indiquer le corps où il a quitté le service) :			

(1) Père ou tuteur.

(2) Pour l'admission en qualité d'enfant de troupe, modèle nº 1 ; pour l'admission dans une école, mo-dèle nº 4.

(3) En qualité d'enfant de troupe dans une école militaire préparatoire ou à l'orphelinat Hériot.

(4) Ce certificat n'est exigé que pour l'admission dans une école militaire préparatoire.

(5) Ce rapport n'est exigé que pour l'admission à l'orphelinat Hériot.

AVIS DU CONSEIL D'ADMINISTRATION
chargé d'instruire la demande :

A   , le   19

*Le Président
du conseil d'administration,*

Instruction
ministérielle du
10 octobre 1901.
(Art. 9).

MODÈLE Nº 6.

Format 21/32.

ᵉ CORPS D'ARMÉE.

ANNÉE 190 .

TABLEAU DE CLASSEMENT

*des demandes d'admission aux écoles militaires préparatoires
et aux places d'enfants de troupe.*

Les demandes d'admission aux écoles militaires préparatoires et aux places d'enfants de troupe sont examinées et classées dans chaque corps d'armée par une commission nommée par le général commandant la région et composée de : un colonel ou lieutenant-colonel d'infanterie, président, et quatre membres du grade de commandant ou assimilé, choisis dans toutes les armes et désignés, autant que possible, parmi les officiers supérieurs résidant au chef-lieu du corps d'armée.

Les demandes instruites d'après les règles prescrites par l'instruction du 10 octobre 1901 sont classées d'après les titres des pétitionnaires.

Les titres des candidats seront appréciés et résumés par chacun des membres de la commission au moyen d'une cote numérique représentée par un nombre entier pris dans l'échelle de 0 à 20.

Le total des cotes attribuées à chaque proposition déterminera l'ordre de mérite sur la liste de classement. Lorsque plusieurs enfants obtiennent le même nombre de points, la priorité est déterminée par l'âge des candidats.

Le travail de la commission, certifié par le président, est adressé au Ministre, par les soins du général commandant le corps d'armée, avant le 1ᵉʳ septembre, terme de rigueur

Les dossiers des candidats ne seront pas joints à cet envoi.

CANDIDATS PROPOSÉS

1o Pour entrer dans une École militaire préparatoire.

Série. — Enfants nés du 1er août 18   au 31 juillet 19 , âgés de 13 à 14 ans.

2o Pour combler les places vacantes dans l'effectif des enfants de troupe laissés dans leur famille.

Série. — Enfants nés du 1er août 18	au 31 juillet 19	, âgés de 12 à 13 ans.
— — 18	— 19	— 11 à 12 ans.
— — 18	— 19	— 10 à 11 ans.
— — 18	— 19	— 9 à 10 ans.
— — 18	— 19	— 8 à 9 ans.
— — 18	— 19	— 7 à 8 ans.
— — 18	— 19	— 6 à 7 ans.
— — 18	— 19	— 5 à 6 ans.
— — 18	— 19	— 4 à 5 ans.
— — 18	— 19	— 3 à 4 ans.
— — 18	— 19	— 2 à 3 ans.

SÉRIE.

Enfants nés
du 1er août 18   au
31 juillet 190 .

Candidats ayant 13 ans révolus et

(Lorsque plusieurs candidats auront le même nombre

Numéros d'ordre de mérite.	TOTAL DES POINTS attribués au candidat par la commission.	NOMS et PRÉNOMS.	DATE de la NAISSANCE.	DÉSIGNATION DU CORPS DE TROUPE	
				qui a instruit la demande.	où le père est en activité de service (A). — Grade actuel.

(A) Si la gendarmerie était ce corps, indiquer en outre le régiment dans lequel

moins de 14 ans au 1ᵉʳ août courant.

de points, le mérite sera déterminé par l'âge de l'enfant.)

CORPS DE TROUPE OU SERVICE AUQUEL appartenait le père lorsqu'il a quitté l'armée (A). — Grade qu'il avait à son départ.	NOM ET PRÉNOMS DU TUTEUR. — Indiquer si l'enfant est orphelin de père, de mère ou des deux.	DOMICILE ET SITUATION du père ou tuteur, etc.	OBSERVATIONS. — Indiquer : 1° Si le candidat a un frère classé par la commission actuelle ou bien un frère déjà immatriculé comme enfant de troupe dans un corps ou une école.

servait le père du candidat avant son passage dans cette arme.

SÉRIE
—
Enfants nés
du 1er août 18   au
31 juillet 190 .

Candidats ayant 12 ans révolus et

(Lorsque plusieurs candidats auront le même nombre

Numéros d'ordre de mérite.	TOTAL DES POINTS attribués au candidat par la commission.	NOMS et PRÉNOMS.	DATE de la NAISSANCE.	DÉSIGNATION DU CORPS DE TROUPE	
				qui a instruit la demande.	où le père est en activité de service (A). — Grade actuel.

(A) Si la gendarmerie était ce corps, indiquer en outre le régiment dans lequel
(1) Les séries suivantes sont inscrites à la suite, en observant de modifier

moins de 13 ans au 1ᵉʳ août courant (1).

de points, le mérite sera déterminé par l'âge de l'enfant.)

CORPS DE TROUPE OU SERVICE auquel appartenait le père lorsqu'il a quitté l'armée (A). — Grade qu'il avait à son départ.	NOM ET PRÉNOMS DU TUTEUR. — Indiquer si l'enfant est orphelin de père, de mère ou des deux.	DOMICILE ET SITUATION du père ou tuteur, etc.	OBSERVATIONS. — Indiquer si le candidat a un frère classé par la commission actuelle ou bien un frère déjà immatriculé comme enfant de troupe dans un corps ou une école.

servait le père du candidat avant son passage dans cette arme.
l'en-tête.

• CORPS D'ARMÉE.

• RÉGIMENT D

Modèle n° 7.
—
Instruction ministé-
rielle
du 10 octobre 1901.
(Art. 20).

FORMAT : 21-32.

BULLETIN TRIMESTRIEL *des mutations concernant
les enfants de troupe désignés ci-dessous :*

Numéros matricules.	NOMS, PRÉNOMS, surnoms. (1)	DATE de L'ADMIS-SION en qualité d'enfant de troupe.	DATE de la NAIS-SANCE.	LIEU de NAIS-SANCE. — com-mune, canton, dépar-tement.	NOM ET PRÉNOMS		DATE DE DÉCÈS		NOM et prénoms du tuteur.	DOMICILE du père ou tuteur.	MUTATIONS affectant l'effectif. — Toutes les mu-tations qui sur-viennent dans l'effectif des en-fants de troupe sont portées à la connaissance du Ministre.	OBSER-VATIONS. — Change-ments de ré-sidence des familles ou dans la tu-telle des en-fants.
					du père de l'enfant.	de la mère de l'enfant.	du père.	de la mère.				

(1) Les enfants de troupe ayant fait
mutation dans le trimestre où pour lesquels un changement est à signaler doivent seuls figurer sur cet état.

A   , le   190 .

Le Président du conseil d'administration (1),

Instruction ministé-
rielle du
10 octobre 1901.
(Art. 22).

Modèle N° 8.

Format : 21/32.

e RÉGIMENT

SITUATION NOMINATIVE

*des enfants de troupe inscrits à la date du 1er juillet 19
sur les registres matricules du corps.*

TABLEAU A.

NUMÉROS MATRICULES.	NOMS et PRÉNOMS.	DATE de la NAISSANCE. — (1) Série :	ENFANTS DE TROUPE NÉS DU 1er AOUT													
			19	19	19	19	19	19	19	19	19	19	19	19	19	19
			AU 31 JUILLET													
			19	19	19	19	19	19	19	19	19	19	19	19	19	19

Pour mémoire : Enfants de troupe et qui doivent s'en-

(1) Les enfants nés du 1er août 1867 au 1er juillet 1868 ont pris la lettre de série A ; les enfants nés enfants nés du 1er août 1891 au 31 juillet 1892. Les séries suivantes reprendront successivement les let-

TOTAL.	ORPHE-LINS			POSITION ACTUELLE DES ENFANTS DE TROUPE											OBSERVATIONS.
				dans les Écoles militaires préparatoires						à l'Orphelinat Hériot.	Dans les familles avec l'allocation de				
	de père.	de mère.	de père et de mère.	à Rambouillet.	à Montreuil-sur-Mer.	à Saint-Hippolyte-du-Fort.	aux Andelys.	à Autun.	à Billom.		180 francs.	150 francs.	100 francs.		

ayant quitté les écoles gager pour 5 ans.

dans les périodes suivantes ont pris les lettres B, C, D, et ainsi de suite. La lettre Z a été attribuée aux tres A, B, C, etc. La lettre U correspond à la série des enfants nés du 1er août 1887 au 31 juillet 1888.

MUTATIONS affectant l'effectif survenues depuis l'établissement de la situation au 1ᵉʳ juillet de l'année précédente.

NUMÉROS MATRI-CULES.	NOMS et PRÉNOMS.	DATE de la NAISSANCE.	LETTRE DE LA SÉRIE.	MOTIFS ET DATE DE L'IMMATRICULATION ou de la radiation.

A   , le   190

Le Président du conseil d'administration,

Instruction ministé-
rielle du 10 octobre
1901, (art. 38).

MODÈLE N° 9.

Format : 21/32

⊖ CORPS D'ARMÉE.

ÉTAT NOMINATIF

*des enfants de troupe orphelins, nés du 1ᵉʳ août 18   au
31 juillet 18 , proposés pour être admis à l'orphelinat
Hériot.*

SÉRIES :

Les pièces concernant ces enfants, réunies dans un mémoire individuel de
proposition du modèle n° 5, annexé à l'instruction du 10 octobre 1901, seront jointes au présent état.

DÉSIGNATION du corps de troupe où l'enfant est immatriculé.	NUMÉRO matricule.-	NOMS ET PRÉNOMS.	DATE de la NAISSANCE.	ORPHELINS		
				de père et de mère.	de père.	de mère.

CHARGES DE LA FAMILLE. — Nombre d'enfants.	RESSOURCES de la FAMILLE.	NOM ET PRÉNOMS, DOMICILE ET SITUATION du père ou du tuteur. — Indiquer si l'enfant de troupe réside avec sa famille.	OBSERVATIONS

TABLE DES MATIÈRES.

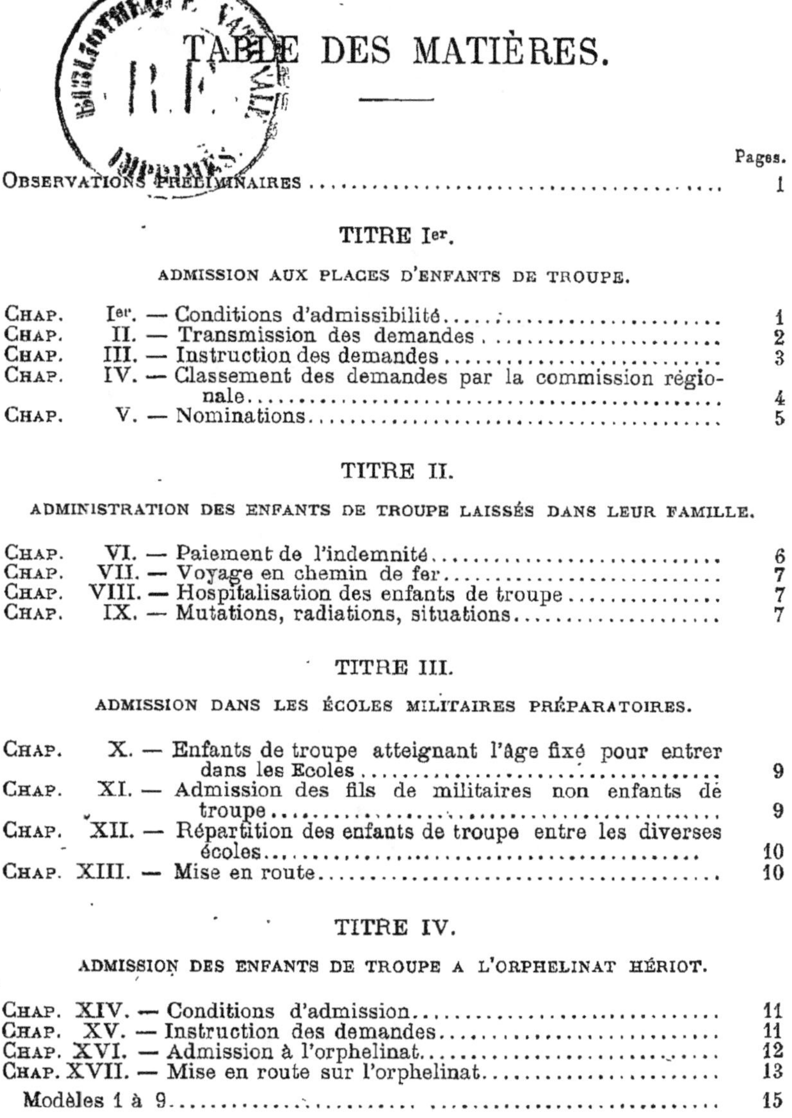

Paris et Limoges. — Imprimerie militaire Henri CHARLES-LAVAUZELLE.